Couverture inférieure manquante

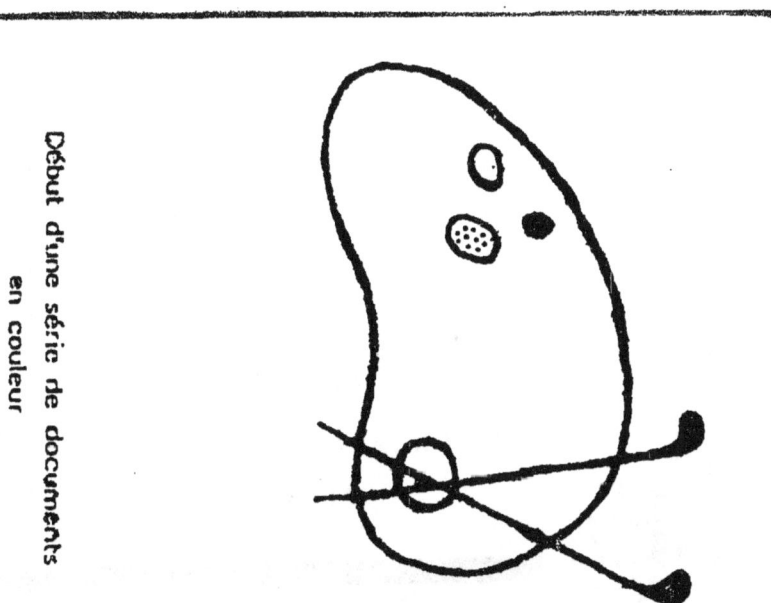

Début d'une série de documents en couleur

SOLDAT
MOINE ET MAITRE DE DANSE

OU

MÉMOIRES

D'UN ALSACIEN DU XVIIIe SIÈCLE

PAR

RODOLPHE REUSS

(Extrait des *Affiches de Strasbourg*).

STRASBOURG
TYPOGRAPHIE G. FISCHBACH
1878

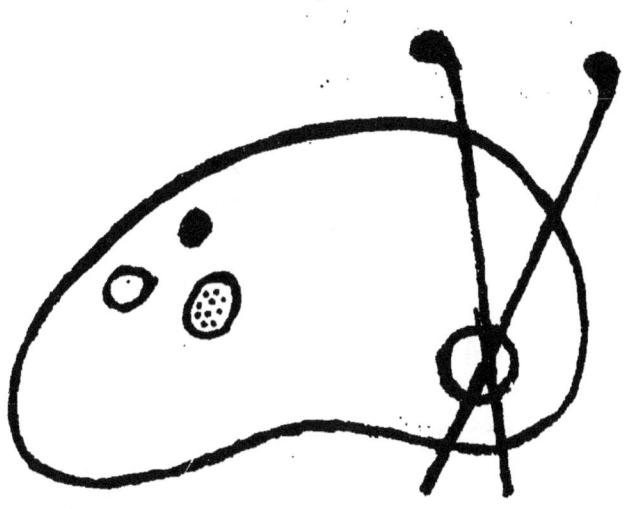

Fin d'une série de documents en couleur

SOLDAT
MOINE ET MAITRE DE DANSE

ou

MÉMOIRES

D'UN ALSACIEN DU XVIIIᵉ SIÈCLE

PAR

RODOLPHE REUSS

(Extrait des *Affiches de Strasbourg*).

STRASBOURG

TYPOGRAPHIE G. FISCHBACH

1878

SOLDAT, MOINE ET MAITRE DE DANSE

ou

Mémoires d'un Alsacien du XVIIIe Siècle.

Les législateurs et les conquérants fameux, les grands poëtes et les savants de génie sont assurés de l'immortalité, de cette immortalité relative au moins, que l'histoire peut seule garantir aux hommes, et qui trop souvent s'efface avec les monuments qui devaient en perpétuer le souvenir. S'ils ne cèdent pas eux-mêmes à la tentation de transmettre aux siècles futurs le récit de leurs exploits, de leurs inventions et de leurs triomphes, cent plumes adulatrices en retraceront le tableau; la haine elle-même et l'envie contribueront involontairement à préserver leurs noms de l'oubli, en les dénigrant dans leurs satires et leurs pamphlets.

Pendant de longs siècles, l'histoire s'est contentée de connaître ainsi la vie et la carrière des grands et des puissants de ce monde, dédaignant la foule obscure, qui ne semblait créée que pour féconder les sillons par la sueur de ses veilles et fertiliser de ses ossements tous les champs de bataille. De nos jours cependant, le lent mais irrésistible avénement de la démocratie dans les pays les plus cultivés de l'Europe a produit un changement dans l'esprit des historiens et les idées du public. On a compris que le livre de l'histoire n'est point tout entier le *Livre des Rois*, et que l'étude des classes inférieures et moyennes donne en définitive un tableau plus exact et plus fidèle d'une époque que celle de quelques individualités privilégiées, vivant en dehors de l'humanité, parce qu'ils vivent au-dessus d'elle. Alors on s'est pris d'un intérêt subit pour les détails du labeur journalier de l'artisan, du bourgeois, du plus humble paysan ; on a tâché de reconstituer l'histoire du développement des idées et des mœurs dans les couches populaires, afin de donner une histoire plus véridique et plus vivante du passé. Tâche attrayante sans doute, mais devenant plus difficile à mesure que nous reculons à travers les siècles. Où trouver les couleurs exactes pour retracer un pareil tableau ? A quels chroniqueurs, à quelles inscriptions pourrons-nous emprunter les détails nécessaires pour en faire ressortir tous les contours, sans sacrifier cependant la vérité historique? Malheureusement, les siècles passés n'ont point inscrit dans leurs annales les menus détails de l'existence de Jacques Bonhomme, et se sont bornés à signaler les grandes crises qui, d'âge en âge, sont venues renouveler ses longues souffrances. C'est presque un hasard si dans les archives ou les bibliothèques nous retrouvons parfois quelque récit qui nous entretienne de la vie des humbles et des petits, et nous permette de pénétrer plus avant dans leur histoire intime. Aussi devons-nous accueillir avec reconnaissance tous les renseignements de ce genre qui sont venus jusqu'à nous, et les utiliser avec soin quand il s'agit de retracer l'image des siècles qui s'éloignent de nous pour entrer dans ce passé, auquel, nous aussi, nous appartiendrons quelque jour. Si nous savons en faire notre profit, ils nous donneront une idée plus juste de l'époque que tous les pompeux récits de bataille que nous rencontrons dans les historiographes officiels.

Je dois m'excuser peut-être de reproduire ici ces réflexions générales qui se sont involontairement présentées à moi pendant que je parcourais un volume de maigre apparence, imprimé sur papier d'emballage, et qu'un heureux hasard vient de faire tomber entre mes mains. Ce sont les *Mémoires* d'un Alsacien, né vers la fin du XVIIe siècle, dont la carrière présente des vicissitudes étranges, et dont les aventures jettent un jour curieux sur l'état religieux et moral de notre province dans la première moitié du siècle passé.

Une première édition, fort restreinte, de ces *Mémoires* avait été publiée, dès 1740, à Meiningen, par l'auteur lui-même. Il n'en restait aucune trace quand un petit-fils de notre compatriote, mû par le respect filial — et peut-être aussi par le désir de gagner quelque argent — en fit paraître une édition nouvelle, à Iéna, en 1791 (1). Les Alsaciens avaient autre chose à faire alors qu'à parcourir des biographies posthumes de leurs compatriotes à l'étranger. C'est pourquoi notre opuscule ne paraît pas avoir pénétré de ce côté-ci du Rhin. Jamais il n'a figuré dans un catalogue d'alsatiques et jamais bibliographe alsacien n'en a parlé. Aussi je penche à regarder le petit volume de notre Bibliothèque municipale comme un exemplaire unique, et je me permets de croire que l'analyse sommaire que nous en

---

(1) *Leben, Schicksale und Meinungen meines Grossvaters, oder wahrhaffte und sehr wunderbare Begebenheiten Johann Balthas. Schœffers, ehemaligen Augustiner-Paters zu Erfurt und nachherigen Hoftanzmeisters zu Sachsen-Meiningen, herausgegeben von dessen leiblichen Enkel Joh. Chr. Heinr. Schœffer.* Iéna 1791. 78 pages in-12.

donnerons ici présentera quelque intérêt pour ceux de nos compatriotes qui, tout en vivant dans le présent, ne dédaignent point de jeter de temps à autre un regard sympathique et curieux sur le passé de notre chère Alsace.

Ces *Mémoires*, ainsi que l'annoncent le titre et la préface, ont été rédigés en 1740, alors que leur auteur, l'ex-augustin Jean-Balthasar Schæffer, notre compatriote, vivait comme professeur de danse et de maintien à la cour ducale de Meiningen, et se trouvait dans sa cinquante-cinquième année. Le style en est simple et même assez lourd, comme l'était en général celui de la littérature allemande d'alors; les faits sont racontés sans emphase et sans trop de récriminations, et l'impression générale de tout lecteur impartial sera favorable en somme à ce brave enfant de Ribeauvillé.

Son récit remonte jusqu'à ses débuts dans la vie : « Moi, maître de danse de la cour sérénissime de Saxe-Meiningen, et prosélyte, je suis né à Ribeauvillé, en Alsace, le 4 novembre 1684. Mon père, André Schæffer, y était secrétaire de la municipalité et l'époux légitime de Marie-Madeleine Christ, de Kauffenbourg. Madame ma mère, qui tenait à justifier le nom paternel (*Christ = chrétien*) et qui, parmi les saints du bon Dieu, auxquels elle rendait assidûment visite, avait choisi pour patron saint Augustin, fit vœu, le jour de ses noces, de consacrer son premier-né au service de son Ordre. Elle ne songea pas que peut-être son cher fils n'apporterait au monde aucune disposition monacale, et mon père n'osa point se récrier contre un vœu si pieux et si fréquent alors, bien qu'il eût à ce sujet des idées toutes différentes de celles de sa dévote épouse, ainsi qu'il me l'avoua plus tard. »

Les premières années d'une existence qui devait être si tourmentée plus tard, s'écoulèrent sans incidents curieux. « Je mangeais, buvais, dormais, pleurais et riais, dit notre auteur; j'étais tantôt maussade et tantôt obéissant, comme tout brave garçon l'est à ce moment de la vie. Mon père me tenait sévèrement, mais ma mère savait toujours me consoler des corrections paternelles, et quand les verges, maniées par ses mains, avaient labouré mon échine, elle avait coutume de s'écrier d'un ton pathétique: « Balthasar, petit « Balthasar, tu deviendras encore un grand « homme et seras quelque jour une lumière « de l'Eglise ! »

Quand notre futur Révérend eut achevé sa septième année, on songea à le préparer à sa carrière future en lui faisant commencer ses études. Un cousin de la famille Schæffer demeurait dans la petite ville voisine de Soultz, et c'est à lui qu'on expédia le jeune Balthasar, afin qu'il lui inculquât la musique et le latin. Ce cousin était un homme savant, mais, paraît-il, peu sévère, car il ne parvint pas à faire mordre son élève aux fruits de l'arbre de la science ; quand, deux ans plus tard, le greffier de Ribeauvillé vint s'informer des progrès de son cher fils, il le trouva considérablement grandi en stature, mais non point en sagesse, et honteusement ignorant des règles de la grammaire et de celles de l'harmonie. Ce ne fut point sans quelques taloches qu'il lui fit reprendre le chemin de la maison paternelle, où la bonne mère se fâcha, non point contre le fils paresseux, mais contre le cousin stupide qui n'avait rien su faire d'un aussi précoce génie.

Trois années d'études plus sérieuses, sous la direction d'un précepteur habile, lui firent rattraper le temps perdu ; au bout de ce temps on l'envoya suivre à Schlestadt les cours du collége des Jésuites. C'est là qu'il eut la première des douze aventures (*Fatalitäten*) dont le récit constitue ces *Mémoires*.

En quittant sa ville natale, Balthasar avait obtenu de son père la permission d'emporter un petit fusil qui lui servait à tirer les moineaux. Un jour qu'il avait congé, il se promenaît dans le faubourg de Schlestadt, près des casernes, et, guettant quelque victime, tenait son arme en arrêt. Un moineau passe, et le coup part. Mais soudain une vieille femme, qui se trouvait à la lucarne d'un grenier, effrayée sans doute par le plomb qui venait de siffler à ses oreilles, l'apostrophe d'une façon très-peu parlementaire. Chatouilleux sur le point d'honneur, notre futur religieux saisit une grosse pierre et la lance avec tant de violence et d'adresse, qu'il renverse la pauvre vieille sur son séant. Elle, d'invoquer les saints et de crier à tue-tête qu'elle est morte, tandis que son vieux et paralytique époux essaie de courir après le coupable en appelant au secours. Les soldats du poste se mettent de la partie, et mons Balthasar, qui s'était caché dans un grenier à foin et déjà se croyait hors de péril, est finalement trahi par un gamin, appréhendé au corps, et va passer trois jours et trois nuits au violon, se livrant à des réflexions probablement assez lugubres.

Un heureux hasard amena sa délivrance. Les Révérends Pères de Schlestadt préparaient une de ces représentations théâtrales par lesquelles ils savaient si bien attirer la foule à leurs colléges. Notre jeune chasseur avait un des rôles les plus importants à jouer, et, sans lui, point de représentation possible! Aussi le

Père Recteur vint-il, le troisième jour, implorer la miséricorde du bourgmestre et plaider la cause de son pupille. On ne résistait point facilement alors à des sollicitations pareilles, et Balthasar put échanger la paille des cachots contre la salle de spectacle du collége, et y débiter en paix ses tirades de mauvais latin. Peu après, son père, averti de l'escapade, vint à Schlestadt pour se voir condamner à dix écus de dédommagement à la vieille; il se consola de cet ennui en administrant une volée de bois vert à sa progéniture, qu'il ramena pour le moment au foyer paternel. D'autres aventures l'y attendaient. Il manqua périr, quelques semaines plus tard, bien et dûment pendu, comme un malfaiteur, par suite d'une étourderie nouvelle qu'il serait trop long de détailler ici.

Pour s'en débarrasser, M. Schæffer, le père, le conduisit alors au collége des Jésuites, établi depuis 1685 dans notre ville, et si l'on en croit notre auteur, les deux années passées à Strasbourg furent consacrées à des études approfondies. Elles lui valurent les éloges de ses maîtres et le pardon de son père, toujours prêt à censurer sévèrement ses fredaines. Mais à peine de retour à Ribeauvillé, Balthasar ne tarda pas à réveiller la colère paternelle par une série d'écoles qui toutes prenaient naissance dans sa passion pour la chasse, en même temps que dans sa maladresse à manier un fusil. C'est ainsi qu'un jour, croyant viser une fauvette gazouillant dans le taillis, il enleva l'oreille d'un bœuf paisible qui broutait le gazon d'un pré voisin. Effrayé par les rugissements de l'animal furieux et les cris du berger, notre héros n'osa point rentrer à son domicile, mais erra toute la nuit dans la forêt, et le lendemain chargea quelque paysan de sa connaissance d'aller à la ville pour y négocier une amnistie. Elle ne fut point facile à obtenir, car le juge local venait de condamner M. Schæffer à payer vingt-huit rixdales au possesseur du ruminant, qui lui remettait en échange la propriété pleine et entière de l'animal, borgne désormais et mutilé. La réconciliation ne fut complète que l'année suivante, quand le secrétaire municipal de Ribeauvillé trouva moyen de vendre son bœuf, considérablement engraissé, sinon embelli, pour le double à peu près de l'amende imposée.

Il serait trop long de rapporter les autres aventures cynégétiques que contient son récit; disons seulement que, de guerre lasse, on le fit repartir une troisième fois et qu'on le dirigea sur le collége des Jésuites de Colmar, mais sans lui permettre désormais un fusil. Il y termina sa rhétorique sans encombre nouvelle ; le moment était donc proche où il devrait prendre l'habit monacal pour faire honneur au vœu de sa mère. Mais une pareille carrière cadrait de moins en moins avec les goûts du jeune séminariste. Aussi, quand il eut passé ses examens et reçu du Père Supérieur ses certificats d'aptitude et de bonne conduite, il résolut de prendre la clef des champs et persuada même à l'un de ses camarades d'aller voir un peu de pays avant de s'en retourner chez eux. Ils vendirent l'excédant de leur garde-robe, leurs manteaux et leurs livres de classe, puis, réunissant ce maigre pécule, ils se mirent bravement en chemin pour Rome. Sans se soucier des inquiétudes mortelles que leur disparition devait causer à leurs familles, les deux jeunes vauriens traversèrent la Haute-Alsace, pénétrèrent en Suisse et poussèrent jusqu'à Lucerne. Leurs fonds étaient épuisés, mais ils se présentèrent au nonce du pape et sollicitèrent de Son Eminence des certificats de pèlerinage et des feuilles de route authentiques, alléguant qu'ils avaient fait vœu de visiter le tombeau des apôtres. On leur délivra les papiers nécessaires, et désormais ils purent profiter de l'hospitalité que les nombreux asiles offraient alors aux pieux pèlerins sur la route de Rome.

Nos deux aventuriers franchirent heureusement le col du Saint-Gothard. Mais à peine arrivés à l'hospice de Saint-Marc, de l'autre côté des Alpes, le compagnon de route de Balthasar fut pris subitement d'une fièvre violente et ne put continuer sa route. Schæffer fut donc obligé d'avancer tout seul, bien qu'il en eût peu envie; mais ces hospices n'offraient un abri que pendant un seul jour aux pèlerins valides. Il finit par trouver son chemin, de bourgade en bourgade, à travers les plaines lombardes, et, traversant la chaîne des Apennins, vint déboucher en Toscane. Le jeune homme s'arrêta quelques jours à Florence, où l'électeur de Saxe, Auguste II, avait récemment fondé une hôtellerie pour les visiteurs pauvres des sanctuaires italiens. Comme le créateur de cet asile s'était jadis converti lui-même au catholicisme pour obtenir la couronne de Pologne, il avait stipulé des faveurs spéciales à l'égard des nouveaux-catholiques. Quelque bon croyant qu'il fût, Schæffer paraît s'être résigné à passer pour un ex-hérétique, afin de jouir un peu plus longtemps de l'hospitalité princière. Mal lui en prit, car ce séjour prolongé dans la capitale des Médicis décida d'une façon fort inattendue de son avenir prochain.

En flânant au milieu des curiosités de Florence, notre héros fit la rencontre d'un cavalier fort élégamment vêtu, qui semblait admirer comme lui les merveilles artistiques de la cité. Ce gentilhomme, l'accostant en allemand, lui demanda de quel pays il venait et ce qu'il comptait faire en Italie. « Je lui répondis que j'étais un étudiant alsacien, se rendant à Rome en pèlerinage pour y gagner des indulgences, et que j'avais l'intention de retourner dans mon pays après avoir accompli mes dévotions. J'espérais qu'il terminerait cet entretien en me gratifiant d'un viatique plus ou moins considérable. Mais il advint tout autrement, car il m'invita seulement à l'accompagner à son domicile, et quand nous y fûmes rendus, il me représenta sous les couleurs les plus effrayantes tous les dangers qui m'attendaient sur ma route, et me conseilla de rester dans le pays, promettant d'avoir soin de moi comme un père, et s'engageant à me procurer bientôt une position des plus agréables, si je voulais renoncer à pousser plus avant.

« Comme je n'allais point à Rome, à vrai dire, pour y prier, mais simplement pour échapper au cloître et à ses ennuis, je me laissais ébranler par ces belles promesses. A six lieues de Florence habitait un ami de mon interlocuteur, marquis des plus riches, ayant une affection toute particulière pour les Allemands, et qui serait charmé de m'admettre dans sa société comme une espèce de secrétaire et de valet de chambre intime. Je n'avais qu'à venir le voir, sans m'engager en aucune façon, et bien sûr, je ne demanderais qu'à rester. »

Le lendemain matin, en effet, notre Balthasar, qui semble n'avoir rien vu de dégradant à changer l'état de séminariste contre celui de domestique, monta en carriole avec son nouvel ami, et quelques heures plus tard leur véhicule les déposait tous deux dans la petite ville de Prato, devant la grille d'un magnifique château. Le marquis vint à leur rencontre et, après une assez longue conversation dont notre héros ne comprit mot, parce qu'elle se faisait en italien, le propriétaire du palais se tourna vers lui et s'informa en latin, d'une façon fort affable, de son âge, de ses capacités et de ses projets d'avenir. Puis un valet en livrée le conduisit dans une vaste salle du rez-de-chaussée où se trouvaient une vingtaine de gaillards assez peu rassurants d'aspect, Savoyards, Piémontais, Siciliens, Napolitains et Toscans; perdu au milieu d'eux, se trouvait un Français dont Schæffer se hâta de faire connaissance, et qui lui apprit bientôt que tous les individus présents venaient également d'être engagés comme domestiques par le marquis.

Pendant près de huit jours ces singuliers valets restèrent ainsi réunis, mangeant et buvant tout leur saoûl, sans être astreints à aucun service, circonstance qui aurait paru suspecte à un homme moins naïf que notre jeune compatriote. D'autres gentilshommes venaient au château, accompagnés de leurs dames ; on soupait gaiement, et le soir il y avait bal et concert. Les Jésuites ne négligeaient pas, on le sait, les exercices corporels dans leurs établissements scolaires ; aussi Schæffer savait-il très-bien danser, du moins c'est ce qu'il affirme lui-même. Un soir qu'il s'était mis à la porte du salon pour jouir de ce galant spectacle, son maître, ayant appris qu'il avait pratiqué la chorégraphie, lui permit de se produire dans le grand monde. Voici donc notre Balthasar engageant une des nobles visiteuses et exécutant avec elle plusieurs menuets aux figures variées, encore inconnues en Toscane. Aussi toutes les dames présentes demandèrent-elles à danser avec le jeune Alsacien, qui s'en alla tout joyeux rêver à ses bonnes fortunes futures.

Soudain le tableau changea. Le marquis annonça qu'il partait pour Livourne, afin d'y présenter ses hommages au grand-duc, et fit savoir à nos recrues qu'il emmenait le personnel de sa maison. Tout le monde se mit en marche et, soit en voiture, soit à dos d'âne, on gagna les bords de l'Arno. Une fois ses nombreux serviteurs embarqués sur le fleuve, le marquis devint invisible pour eux. Sans aborder, on les conduisit directement, en rade de Livourne, à bord d'un navire de commerce français, et parvenus à destination, les trop confiants valets de chambre et laquais furent brusquement tirés de leurs rêves dorés. Quel réveil, hélas! Le noble marquis n'était qu'un habile raccoleur, et le personnel de sa maison allait se métamorphoser de force en défenseurs un peu récalcitrants de la couronne de France, car c'était bien entre les mains de sergents instructeurs français que leur maître et le sort venaient de les jeter.

Notre Balthasar n'avait pas précisément la fibre militaire bien développée et d'ailleurs il n'était point tenu de s'enthousiasmer pour la gloire militaire de Louis XIV, n'étant qu'indirectement son sujet. En effet, Ribeauvillé faisait alors partie du domaine des comtes palatins de Birckenfeld, ducs de Deux-Ponts, qui venaient de recueillir la succession de l'antique famille des Ribeaupierre; ces princes gouvernaient leurs petits Etats sous la suzeraineté de la France, mais sans en faire encore directement partie.

Aussi notre héros avoue-t-il que c'est en frémissant qu'il songeait aux perspectives de son futur métier, tout en se résignant à l'inévitable fatalité. Un voyage rapide de quarante-huit heures amena les pauvres conscrits dans le port de Marseille, où pendant huit jours ils restèrent aux arrêts dans l'un des forts qui défendaient la ville. Puis on fit un triage, et grâce à sa petite taille et à son peu de vigueur, Schœffer fut destiné à entrer dans un régiment d'infanterie légère, exclusivement composé de recrues italiennes. Je vous laisse à penser sa joie quand il apprit que ce régiment tenait garnison à Strasbourg et qu'il allait ainsi revoir sa chère Alsace.

Sous le commandement d'un lieutenant et de quelques bas-officiers, les conscrits de dépôt se mirent en marche, traversant la Provence, le Dauphiné, la Franche-Comté et la Bourgogne, et finirent par arriver à Colmar. C'est de cette ville que le jeune aventurier fit savoir à ses parents qu'il était encore en vie et qu'il ne désirait point rester soldat. Son père accourut pour négocier avec le chef du détachement la libération de son fils. Mais cet officier déclara que la chose n'était point faisable avant que les recrues se fussent rendus au régiment, et qu'il fallait s'adresser au colonel, en résidence à Strasbourg. M. Schœffer fit donc le voyage de la capitale alsacienne pour tâcher de ravoir son enfant prodigue. Ce ne fut point une entreprise facile, car le colonel, M. de Saint-Seconde, refusait de se séparer d'un aussi précieux sujet au-dessous de vingt louis. En vain le digne secrétaire déploya-t-il toute son éloquence pour lui prouver qu'il fallait obéir aux volontés de l'Eglise et rendre le jeune séminariste à la milice céleste. Tout ce que ces arguments purent obtenir du colonel, fut un rabais; il déclara qu'il céderait Balthasar pour la somme de seize louis seulement. L'amour paternel ne put s'élever à de pareilles hauteurs; M. Schæffer refusa de reconnaître à son fils une valeur marchande aussi considérable et retourna chez lui sans l'amener à sa femme.

Le hasard le lui rendit bientôt après à un prix infiniment plus doux qu'il n'aurait eu le droit de l'espérer jamais. Un des bataillons du régiment, celui-là même où se trouvait Balthasar, fut mis en garnison à Schlestadt. Dans cette ville se trouvait aussi le régiment de Kreder-Allemand, dont le colonel avait acheté jadis au roi le privilége de retirer tous les Allemands des régiments italiens royaux, pour les incorporer au sien, contre paiement de vingt-quatre livres par personne. Le colonel de ce régiment, M. de Barancour, était lié avec le secrétaire de Ribeauvillé, et pour lui rendre service, il usa de son droit en faveur de son fils. Ce dernier dut être bien heureux en quittant l'uniforme, mais je suppose que le père aussi fut content en songeant que sa fermeté stoïque avait conservé dans sa bourse près de trois cents livres, qu'une âme moins bien trempée aurait eu la faiblesse de payer.

Hélas! les heures de liberté furent mesurées d'une main bien avare à l'ex-grenadier de Sa Majesté Très-Chrétienne. A peine rentré dans ses foyers, on lui signifia que, s'il ne voulait point être déshérité et chassé pour toujours de la maison paternelle, il avait à entrer enfin dans la carrière monacale, sans nouveau répit ni délai. Le pauvre jeune homme avait alors dix-sept ans et la plus grande répugnance pour l'existence du cloître. Mais il céda, comme tant de malheureux des deux sexes ont cédé et cèdent encore chaque jour aux obsessions intéressées qui les entourent, malgré l'absence absolue de toute vocation religieuse.

Balthasar fut donc reçu comme novice au couvent des Augustins de Colmar, y fit comme tel un séjour d'un an et d'un jour, et reçut ensuite les quatre ordres mineurs. Il fut successivement consacré comme *ostiaire, aco-*

lythe, *exorciste* et *lecteur*, c'est-à-dire que cet enfant de dix-huit ans acquit par l'imposition des mains le droit de faire entrer les fidèles dans l'Eglise et d'en exclure les hérétiques, celui de tenir les cierges allumés pendant la messe, de lire les Saintes-Ecritures et d'exorciser les possédés que tourmentait le diable. En même temps il poursuivait ses études et suivait des cours de logique, de physique et de métaphysique; on lui dévoilait les arcanes de ce qui s'appelle fort improprement la *théologie morale* dans les manuels des séminaires catholiques, en lui enseignant à résoudre les cas de conscience les plus scabreux, d'après Suarez, Busenbaum et Sanchez, et tous ces autres casuistes célèbres, immortalisés et flétris par les *Provinciales* de Pascal. L'étude de la scolastique vint couronner cet enseignement théologique, et les problèmes de la Trinité, des sacrements, de l'Incarnation divine, occupèrent les loisirs du jeune frère. A l'expiration de ce cours, les trois ordres majeurs lui furent également administrés, et les titres de *sous-diacre*, de *diacre* et de *prêtre* lui conférèrent le droit de lire l'épître et l'évangile du jour et de dire la messe devant le peuple assemblé, ainsi que de donner l'instruction religieuse, de prêcher et d'administrer les sacrements.

Nous mentirions en disant que le frère Balthasar se sentit fort heureux sous la robe de bure et qu'il prit toujours son sort en patience. Il paraît néanmoins qu'il parvint à se plier suffisamment à la discipline conventuelle pour ne point être trop malheureux. Plus tard, quand il écrivit ses mémoires, il se rappelait avec plaisir quelques épisodes de sa vie monacale. Il en raconte même un que nous allons résumer ici. Un jour que les moines chantaient vêpres dans l'église, quelques bourgeois entrèrent pour assister au service. Notre homme, toujours un peu curieux, se tourne en chantant, pour dévisager les nouveaux-venus. Le prieur, qui ne l'aimait point, le condamne à terminer l'office à genoux, puis, l'heure du souper venue, le fait accroupir sur les dalles du réfectoire, en lui donnant pour toute pitance une assiettée de soupe et de l'eau. Pendant que Balthasar dégustait lentement ce frugal repas, un des chats du couvent pénètre dans la salle et se met à voler, morceau par morceau, tout le pain contenu dans l'écuelle, au milieu de grimaces si bizarres, que le pénitent part d'un grand éclat de rire. Le prieur, croyant que Balthasar se moquait de la punition et de celui qui l'avait dictée, se fâcha tout rouge et lui intima l'ordre de reprendre la même place, le lendemain à dîner. Le soir, quand chacun se retira dans sa cellule, notre ami se mit en quête du chat voleur, le saisit, le mit dans un sac et cribla de coups l'infortuné félin, tout en toussant avec violence, puis il le laisse s'échapper. Le lendemain, l'heure du repas arrive; frère Balthasar, humblement assis sur le plancher, savourait sa soupe, quand entre le chat de la veille. Déjà il étend la patte pour recommencer ses larcins quand l'autre se met à tousser avec force L'animal, dont les souvenirs se réveillent, bondit avec effroi à travers le réfectoire, renversant tout sur son passage et provoquant des éclats de rire homériques de la part des convives. La gaîté rend plus tolérants les esprits sévères, et le prieur, instruit des détails de l'affaire, pardonne au pénitent et lui permet de reprendre sa place à la table commune.

Pendant sept ans ce prieur avait tyrannisé le couvent de Colmar, quand « une mort bien heureuse » en délivra ses frères; mais, même après sa mort, il fut encore la cause d'un moment d'effroi violent pour notre pusillanime héros. Quatre moines portaient le défunt sur une planche, pour le déposer dans une salle voisine du prieuré, quand l'un des porteurs trébuche. Le corps tombe à la renverse sur les religieux qui marchaient en tête, parmi lesquels se trouvait aussi Balthasar. Croyant que le mort ressuscite et le prend au collet, il pousse un cri et se sauve à toutes jambes. Les punitions sévères, dictées par le sous-prieur, purent seules lui faire reprendre sa tâche.

Au bout de ces sept années, le chapitre provincial envoya le P. Schæffer, qui sans doute avait un peu plus de teinture des lettres que le commun de ses collègues, au couvent des Augustins d'Erfurt, afin d'y enseigner la philosophie aux novices. Voilà donc le jeune moine alsacien dans la même enceinte et peut-être dans la même cellule qui vit jadis les luttes angoissantes et les méditations profondes de Martin Luther. Sa tâche n'était point des plus faciles; Erfurt était alors une Université en renom, et les élèves des couvents soutenaient parfois leurs thèses de philosophie en présence d'un auditoire savant, appartenant aux deux cultes. Un président de soutenance, tout religieux qu'il fût, était donc tenu, dans une certaine mesure, d'être au courant des questions scientifiques qu'on pouvait agiter dans une solennité pareille. C'est à l'une de ces soutenances de thèse que notre auteur rattache les premières velléités de conversion qu'il ressentit dans sa vingt-sixième année. Il y avait invité, selon la coutume, le pasteur-président luthérien d'Erfurt, et tout en dégustant, également selon les règles, un verre de vin vieux, moines et pasteurs, catholiques et luthériens, entamèrent une de ces controverses dogmatiques qui faisaient le bonheur de nos aïeux. Les arguments du docteur Sauerbrey firent impression sur le P. Balthasar; il ne trouva rien dans ses auteurs ni dans sa raison qui pût les réfuter avec avantage, et bientôt il alla voir ce pasteur en secret pour continuer ces discussions théologiques. C'était en 1710. La lecture des livres que lui prêta le prédicateur d'Erfurt, les traités de Gerhard et de Chemnitz, célèbres écrivains luthériens d'alors, ébranlèrent de plus en plus ses convictions catholiques. Finalement il prit la résolution décisive de quitter le couvent et l'Eglise romaine, et de chercher un asile auprès du duc Guillaume-Ernest de Saxe, à la cour de Weimar. Prétextant une visite à faire au curé d'un village voisin, il obtint une permission de sortie de la part de son prieur, se rendit au bourg protestant le plus proche, et s'adressant au pasteur, lui communiqua ses projets. Il en obtint un guide et des lettres de recommandation pour la capitale du duché.

L'arrivée du P. Schæffer fit sensation dans tout Weimar. Reçu par le surintendant général Lairitz, il fut logé par ordre supérieur à l'*Hôtel du Soleil*, avec l'injonction de lui donner à boire et à manger tout ce qu'il demanderait. On pense bien qu'un vicaire luthérien, quelque honnête et méritant qu'il fût, n'aurait point à ce point attiré l'attention publique, mais un moine échappé de son couvent, mais une brebis égarée qu'on pensait pouvoir ramener au bercail! Il y avait de quoi remplir de joie le cœur de toutes les dévotes, en même temps que d'exciter la curiosité maligne de tous les cœurs que la grâce n'avait point encore touchés. Hommes et femmes, noblesse et bourgeoisie, venaient assiéger l'hôtel pour entrevoir notre fugitif. Deux marchands d'imagerie religieuse, venus d'Augsbourg et complétement ignorants de ce qui venait de se passer, apercevant à dîner un Révérend Père, vinrent lui baiser les mains et le consulter pour savoir s'ils pouvaient manger de la viande ce jour-là sans péché! Schæffer leur accorda bien volontiers la dispense qu'ils sollicitaient à la vue du copieux menu de leur repas, et déjà ces deux infortunés faisaient bonne chère, quand un des serviteurs de l'hôtel commit l'action noire de leur révéler l'état de péché mortel du religieux fugitif. Inconsolables d'avoir frayé avec un apostat, ils se mirent incontinent en route pour dénoncer le coupable aux Augustins d'Erfurt.

Le lendemain notre compatriote devait être présenté au duc de Saxe-Weimar et se préparait à l'audience, quand deux de ses anciens confrères arrivèrent pour tâcher de le ramener avec eux et d'étouffer ainsi ce scandale. Mais le souverain, curieux des choses théologiques, défendit qu'on leur accordât une entrevue en dehors de son auguste présence. M. de Schlotheim, le maître des cérémonies, vint donc escorter les trois moines au palais, où la cour et la noblesse, les ecclésiastiques et les fonctionnaires civils étaient tous réunis. Son Altesse s'informa d'abord quel était le religieux en rupture de ban, puis ce que voulaient les deux autres. Ceux-ci ayant déclaré qu'ils venaient réclamer leur confrère, le duc leur répondit : « Le voici ; s'il veut vous suivre de son plein gré, qu'il le fasse ; s'il refuse, il en a le droit ; nous ne forçons personne à se prononcer pour notre foi. » On pense bien que le P. Balthasar n'exprima point de vœu semblable, et dans le colloque théologique qui suivit, il argumenta si bien, dit-il, que ses adversaires, ne sachant plus que répondre, prirent le parti de se retirer.

Le fugitif fut alors mis en pension chez un bourgeois de Weimar, nourri à l'office princier, et reçut l'instruction religieuse du prédicateur de la cour ; après plusieurs mois de préparation consciencieuse, il fut admis, vers le milieu de l'année 1711, dans la communion de l'Eglise luthérienne, à la chapelle même du château. Son froc monacal fut suspendu, en mémoire de cette conversion, dans le cabinet de curiosités ducal, et se voyait encore à Iéna du temps de la Révolution française, ainsi que l'atteste le petit-fils de notre auteur. Mais le propriétaire de cet habit ne parvint pas à se fixer dans cette résidence, ainsi qu'il en avait conçu l'espoir. Schæffer accuse le ministre Hoffmann de l'avoir persécuté comme prosélyte, et deux ans après avoir changé de religion, il reprit le cours de ses aventures.

Nous le voyons d'abord à Nuremberg, puis, traversant, en véritable écervelé, la Bavière tout entière, où dominaient alors les Jésuites. C'était aller se mettre, de gaîté de cœur, dans la gueule même du loup. Arrivé à Munich, il fréquente les maîtres de danse et d'escrime, et va même rendre visite au couvent de la Société de Jésus. Son intelligence et sa connaissance du latin frappèrent les Révérends Pères, et ils essayèrent de convertir au catholicisme ce luthérien si dégourdi. Pour les tenir en bonne humeur, il s'offrit même à jouer et à danser un pas dans la tragédie de *Pénélope et d'Ulysse* qu'ils allaient représenter en public. Deux fois il parut sur la scène et récolta d'unanimes bravos, plus une somme de vingt écus que lui donna le recteur du couvent.

Craignant de s'engager davantage, Schæffer quitta Munich et se rendit à Eichstædt, résidence épiscopale, pour en visiter les curiosités. C'est là que le sort l'atteignit au moment où il s'y attendait le moins. Il parcourait le château de l'évêque, le beau Willibaldsbourg, quand monseigneur, toujours aimable envers les étrangers et désirant causer, lui dépêcha l'un de ses conseillers, pour se faire présenter ce visiteur étranger. Par un incroyable hasard, ce conseiller Weiss était un Weimarien de naissance et protestant d'origine. Il avait connu Schæffer dans sa ville natale et depuis était venu en Bavière, où il s'était converti au catholicisme. On juge quelle dut être la figure des deux néophytes en se trouvant ainsi nez à nez dans ces lointains parages. Hélas! ce ne fut point notre homme qui put rire le dernier; car il fut conduit devant l'évêque et dut avouer ses antécédents cléricaux à ce prélat, qui bénissait le ciel d'avoir permis qu'il fût l'instrument de salut pour cette brebis égarée.

Il promit ensuite au fugitif qu'il ne serait aucunement puni pour sa fugue et que tout se passerait en douceur, grâce à son intercession directe auprès du Saint-Siége. Il écrivit en effet à Rome ; mais aucune réponse n'arrivant, il craignait que Schæffer ne profitât de son séjour au château pour s'enfuir une seconde fois. Il avertit donc les Augustins du couvent voisin de Lauingen de sa présence, et les pria de venir réclamer leur confrère.

Quand ils furent arrivés, le barbier épiscopal rétablit la tonsure du moine défroqué, ses nouveaux collègues lui passèrent le vêtement de l'ordre et l'entraînèrent à leur voiture, après avoir encore une fois promis de ne point persécuter le transfuge.

Ils ne tinrent guère parole, car, dès le lendemain matin, Schæffer fut conduit au chapitre et fustigé d'importance en guise de bienvenue ; puis on l'enferma dans une étroite cellule, et on le tint, par un froid rigoureux, *vingt-trois* semaines au pain et à l'eau, pour dompter en lui l'esprit de Satan. Il y serait resté sans doute bien plus longtemps encore, si sa patience n'avait point été à bout. Le lundi de Pentecôte il réussit à se procurer, par l'entremise d'un frère lai, quelques débris de corde, et de la fenêtre de son cachot il se laissa glisser dans le jardin du couvent. Puis une escalade désespérée lui permit de franchir à son tour le mur d'enceinte et de gagner la campagne. Il courut aussi loin que ses jambes purent le porter et, se cachant dans les bois, il finit par atteindre la petite ville libre impériale Giengen, où l'on professait la religion protestante. Le pasteur Schnapper l'y reçut cordialement et le fit mener à Ulm. Le bourgmestre de cette ville opulente, M. de Welser, craignant de se brouiller avec son voisin d'Eichstædt, envoya huit rixdales à notre ami, mais lui fit tenir le conseil de ne point s'arrêter à Ulm et de pousser jusqu'à Stuttgart, où certes il serait bien reçu.

Un beau soir, encore revêtu de l'habit monastique, Schæffer fit son entrée dans la capitale du Wurtemberg; après avoir refusé l'hospitalité d'un chapelain du général de Boldewein, qui, trompé par son costume, le saluait comme un confrère, il alla s'enfermer à l'*Hôtel de la Roue*, passablement perplexe sur son avenir. Il ne connaissait personne dans la ville, mais finalement il se souvint qu'un des écuyers de Son Altesse, M. de Schlothëim, était natif de Weimar. A défaut d'autres appuis plus solides, il alla lui confier ses chagrins. Le gentilhomme le reçut avec plus d'étonnement que de bienveillance et lui demanda ce qu'il comptait faire en ces lieux. Le Père Antoine — c'était le nouveau nom monacal de notre Balthasar — lui répondit qu'il donnerait des leçons de danse. Malheureusement il y avait déjà deux professeurs de chorégraphie attachés à la cour, MM. Courselle et Devaux, de sorte qu'il dut se rejeter sur la noblesse et la bourgeoisie de Stuttgart. Il ne tarda pas à trouver quelques élèves, et ce devait être un spectacle assez curieux de le voir exécuter ses chassés-croisés et ses en-avant-deux dans son froc monacal. Il attendit assez longtemps en effet pour pouvoir déposer l'habit du cloître, n'ayant pas le sou pour en acheter d'autres, jusqu'à ce qu'un conseiller ducal, M. Goll, qu'il mentionne avec reconnaissance, lui fit cadeau d'un de ses vieux costumes de cour. Peu après cependant, son sort s'améliora; le maître de danse de l'Université de Tubingue vint à mourir, et grâce à des protections nombreuses, il fut chargé, le 3 février 1714, de l'enseignement de cette branche importante des connaissances humaines à la Haute-Ecole *Evérardo-Caroline*.

Schæffer resta pendant sept ans à Tubingue; il s'y plaisait et comptait y terminer ses jours, quand une nouvelle *fatalité* — c'est le nom qu'il donne, on le sait, à ses malheurs — vint l'arracher à la pittoresque et studieuse cité. Le prince de Hohenzollern-Hechingen, qui demeurait dans le voisinage, lui fit demander des leçons pour ses enfants; mais comme ce petit dynaste était catholique, que sa capitale renfermait un couvent de frères et que notre compatriote ne se souciait pas de retomber entre les mains de ses persécuteurs, il refusa ces leçons, flairant quelque embûche. Son Altesse sérénissime de Hechingen prit fort en mal ce refus et fit tant à la cour de Stuttgart, que Schæffer fut révoqué de ses fonctions et remplacé par un Français catholique, M. Devaux, que nous avons déjà nommé plus haut. En vain l'Université, toute protestante, protesta-t-elle contre cette nomination ; Balthasar — ce n'était plus maintenant le *jeune* Balthasar — dut revenir à Stuttgart, « où je dansais derechef, dit-il, et cela pendant six ans. »

Pauvre homme ! au fond il n'avait pas plus la vocation de la danse que celle de la vie contemplative ! Peut-être se sentait-il humilié de ne pouvoir mieux employer sa science, peut-être son art ne l'enthousiasmait-il pas assez, toujours est-il qu'il aurait volontiers fait autre chose, mais le destin ne le voulut pas. Cent ans plus tôt on en aurait fait un pasteur ; au XVIIIe siècle, où les candidats en théologie ne manquaient nulle part, il dut se résigner à enseigner le menuet et la gavotte. Il avait passé quarante ans, quand son père, vieillard respectable, mais encore vert, vint lui rendre visite à Stuttgart. Ce dernier lui avoua qu'il aurait préféré de beaucoup le voir religieux que maître de danse, mais que les choses étant en l'état, il ne voulait point lui tenir rigueur ; il se montra même tout prêt à lui faire parvenir sa portion de l'héritage maternel, si c'était possible. Mais les édits royaux étaient alors excessivement sévères en France contre ceux qui se séparaient de l'Eglise catholique-romaine ; ils perdaient leur droit d'héritage et l'on punissait les parents eux-mêmes qui violaient, en faveur des lois de la nature, les lois de Louis-le-Grand. Aussi M. Schæffer lui proposa-t-il de lui faire tenir en secret, par quelque intermédiaire sûr, une partie de son héritage. Le désir de réaliser cette agréable perspective entraîna notre maître de danse à commettre une imprudence dont les suites lui furent fatales. Pendant les vacances de l'année 1727, il se rendit sur les terres du margrave de Bade-Dourlach, dans un village protestant, à six lieues de Ribeauvillé, sur la rive droite du Rhin. S'adressant au pasteur de l'endroit, il le pria de lui désigner un messager de confiance pour franchir le fleuve et se rendre dans sa ville natale auprès de son père, chercher l'argent en question. L'envoyé fit diligence, et le jour même de son départ il revenait dans la soirée, apportant cinquante écus et le bon conseil de déguerpir au plus vite, tous les environs étant catholiques.

Ce fait n'était que trop vrai ; mais malheureusement le conseil venait trop tard. Ayant empoché son argent, l'ex-religieux s'était mis en marche pour regagner la Forêt-Noire et le territoire wurtembergeois, et prenait un repas dans l'auberge d'un village, quand soudain la salle est envahie par une joyeuse société, venant de Vieux-Brisach pour festoyer à la campagne. Parmi les convives se trouve le fils du secrétaire municipal, et ce jeune homme a suivi les cours de droit de l'Université de Tubingue, une dizaine d'années auparavant! Schæffer fut immédiatement reconnu par son ancien client, et pendant qu'on dînait, les nouveaux-venus envoyèrent en toute hâte un messager aux Pères Augustins de Brisach, pour les avertir de la proie que le hasard amenait entre leurs mains. Au moment où le voyageur, ayant payé son écot, allait quitter l'auberge, deux soldats apparaissent sur le seuil en croisant la baïonnette. On peut se figurer son effroi, surtout quand il vit une voiture arriver au grand galop et deux religieux en sortir. La foule s'assemble autour de la maison, l'interrogatoire commence : « Ne vous appelez-vous point Schæffer? — Pourquoi cela? répond le malheureux; non, non, ce n'est pas mon nom; vous vous trompez sans doute de personne. » Vains efforts hélas! L'ex-étudiant de Tubingue affirmait trop catégoriquement que c'était là son ancien maître de danse, connu dans toute la ville, en 1718, comme un moine relaps, pour que les dénégations balbutiées par Schæffer pussent produire aucun effet. On lui arrache son épée, ses habits, sa bourse, qu'il ne devait plus revoir, on lui passe le froc et, fouettant leurs chevaux, les moines entraînent au galop le malheureux à leur couvent de Brisach.

Le père prieur, un protestant d'Eisenach, nommé Kœrber, converti jadis à Constance, apostropha l'apostat avec la dernière violence, le força de se jeter à ses pieds pour demander pardon de ses méfaits à la Sainte-Eglise, sa mère outragée, puis le fit enfermer dans un cachot. Le troisième jour on l'en fit sortir pour le transférer au couvent de Colmar. C'était le cloître où vingt ans auparavant il avait prononcé ses vœux. Le pauvre prisonnier ne revit pas ces lieux, qui lui rappelaient tant de souvenirs, sans une profonde émotion, d'autant plus qu'il ne pouvait avoir aucune illusion sur le sort qui l'attendait. Rien ne montre mieux l'arbitraire absolu qui régnait alors en Alsace — comme d'ailleurs dans toutes les contrées de l'Europe, si nous en exceptons l'Angleterre et les Pays-Bas — que la manière brutale dont un homme inoffensif était enlevé, sans autre forme de procès, sur territoire étranger, pour être privé, sa vie durant, de sa liberté. Et ce qui peut-être nous étonne encore plus que le reste, c'est de voir la victime elle-même, tout en gémissant sur ses malheurs, ne point se révolter contre de pareils excès de despotisme, tant ils étaient alors usuels et fréquents. Certes nous avons encore beaucoup à faire pour garantir partout la liberté individuelle comme la liberté des nations, mais du moins, grâce à la Révolution française, d'aussi tristes abus ne sont plus possibles, ou, s'ils se produisent encore chez des peuples à demi civilisés, ils excitent le blâme et l'indignation de tous.

Mais retournons à Colmar, où ce pauvre Schæffer vient d'être remis aux mains du révérend supérieur. Celui-ci fait sonner la cloche, et tous les pères se rassemblent dans la salle du Chapitre. Ils se placent sur deux lignes, le prieur occupe son siége présidentiel, prononce une oraison latine, et puis commence un examen général de conscience : *Agamus de culpis*. Que chacun de vous confesse en quoi il a transgressé la règle de l'Ordre. Là-dessus tous les religieux se jettent face contre terre. *Quid dicitis ?* que dites-vous ? continue le prieur. *Meam culpam*, répondent en chœur les moines ; nous avouons nos fautes. Schæffer était resté silencieux pendant cette scène, où cependant le premier rôle lui revenait de droit. Mais il ne fut pas longtemps à se tenir à l'écart. *Pater Antonius accedat!* reprit le supérieur d'une voix éclatante; que le P. Antoine approche ! Quand ce fut fait, continue le narrateur, il me dit : Mon cher père, je suis peiné d'avoir à vous traiter si durement, mais comme supérieur de ce couvent je suis tenu de faire respecter les constitutions de notre ordre, afin d'inspirer aux autres l'horreur de l'apostasie. Préparez-vous à subir la peine du fouet ! Là-dessus on m'enleva l'habit monastique dont j'étais devenu indigne, je dus me mettre à genoux et dépouiller mon corps de tout vêtement jusqu'aux reins, puis le prieur en personne se mit à me frapper de la discipline, pendant que les religieux chantaient le cinquante-unième psaume *Miserere mei.* Je dois remarquer pourtant que, par compassion, ils sautèrent plusieurs versets, afin d'abréger d'autant la durée de mon supplice. Puis je fus obligé de m'étendre tout de mon long sur le seuil du réfectoire, et chacun dut me fouler aux pieds en citant les paroles bibliques : *Super dracones et basiliscos ambulabis,* tu fouleras de ton talon les dragons et les basilics. Enfin la terrible sentence fut prononcée contre moi: « Puisque vous, P. Antoine, n'avez pas seulement transgressé fréquemment la règle sainte de notre Ordre, mais encore avez quitté, pour votre perdition temporelle et spirituelle, notre mère commune, la très-sainte Eglise catholique-romaine, pour adhérer à la damnable et hérétique doctrine du parjure Martin Luther, je vous annonce présentement que vous êtes condamné à passer le reste de vos jours dans un cachot, pour y supplier Dieu de vous pardonner vos horribles péchés, en vivant de pain et d'eau seulement. »

La condamnation prononcée, le prieur, deux moines et un frère lai menèrent le pauvre Schæffer dans une des caves du couvent, où la lueur incertaine d'une lanterne lui permit d'apercevoir une espèce de trou haut de six pieds et large de cinq pieds environ, qui formait comme un cube de maçonnerie. Il ne possédait aucune porte ni d'autre ouverture qu'un trou, large d'un pied à peine, par lequel le frère lui fit entrer deux bottes de paille à l'aide d'une fourche, après quoi le condamné dut pénétrer à son tour, et par le même chemin, dans l'étroite cellule, après avoir été soigneusement fouillé ! Par grâce on lui permit d'emporter un bloc dans son taudis, afin d'avoir un appui pour sa tête. Puis l'ouverture fut murée derrière lui, et la seule voie de communication avec ses semblables qui lui restât désormais, fut une fente étroite à la voûte, par laquelle on devait lui passer chaque jour sa triste nourriture.

On peut croire le pauvre prisonnier sur parole, quand il raconte qu'il éclata en sanglots en voyant ses bourreaux s'éloigner avec leur lumière, monter l'escalier de la voûte et fermer la cave avec d'énormes verrous. Il y avait dans une situation pareille de quoi briser le courage de natures mieux trempées que ne l'était celle du malheureux Schœffer. Pendant six semaines il languit dans ce bouge infect, ne distinguant plus les jours des nuits, ne voyant un rayon de lumière et n'entendant une voix humaine que lorsque son geôlier lui apportait chaque jour sa trop maigre pitance. Un soir qu'il s'était endormi en pleurant et en priant, il se réveilla subitement d'un rêve qui lui avait inspiré l'idée d'examiner de plus près les murs de son cachot. En tâtant avec soin les parois, il put s'assurer bientôt que les murs étaient en pierre de taille, mais la voûte en briqueterie seulement. Peut-être parviendrait-il, à l'aide de son bloc, à se frayer un passage ? Le courage du désespoir lui donna des forces nouvelles. Le peu d'élévation de la voûte facilitait la besogne, et quand il eut vigoureusement cogné pendant quelques heures, il sentit céder la maçonnerie et put enfin se frayer un passage jusque dans la cave elle-même. Par un incroyable hasard le frère servant avait, ce jour-là, négligé d'en verrouiller la porte, et quand Schœffer essaya timidement de l'ébranler, elle céda sur-le-champ à ses efforts. Le clair de lune guidant ses pas, il put se glisser dans l'église du couvent et se cacher parmi les stalles du chœur. A quatre heures du matin l'un des moines vint sonner matines, et comme on était en juillet, il laissa la porte de l'église ouverte pour faciliter l'entrée des citadins pieux qui voudraient assister au service, pendant qu'il allait éveiller les frères. Le prisonnier se hâta de sortir, courut vers la ville, et passant devant le poste, salua les soldats d'un : Bonjour, Messieurs ! qu'ils rendirent poliment, sans songer à s'emparer du fugitif. Dès qu'il eut franchi le pont-levis, il se mit à courir de toutes ses forces vers le Rhin, pour essayer de traverser le fleuve. Il y réussit grâce à un pieux mensonge qu'on ne peut lui reprocher avec sévérité, puisqu'il y allait de son existence. Se rendant chez le curé d'un village situé tout près du fleuve et qu'il ne nomme pas — peut-être était-ce *l'ancien* village de Kuenheim, submergé au siècle dernier, peut-être Biesheim ou Vogelgrün — il se présenta à lui comme un malfaiteur, échappé de prison, et condamné à être pendu, le suppliant de l'aider à franchir l'obstacle qui arrêtait sa fuite. Schæffer prétend que les ecclésiastiques catholiques de son temps passaient pour sauver volontiers la vie des délinquants qui s'adressaient à leur bon cœur, et c'est la connaissance de ce fait qui le fit agir de la sorte. En tout cas son plan de campagne réussit. Le philanthropique curé chargea sur-le-champ un pêcheur, de ses paroissiens, de conduire le prétendu malfaiteur sur l'autre rive du Rhin, et ce fut ainsi qu'il put échapper aux griffes de ses geôliers.

Après avoir rendu grâce à Dieu de sa délivrance presque miraculeuse, le pauvre fugitif regagna le village badois où sept semaines auparavant il avait logé pour attendre l'envoi paternel. Le pasteur qui l'avait déjà reçu, ne fut pas peu effrayé de voir surgir tout à coup dans son tranquille presbytère un homme vêtu seulement de souliers, d'une chemise et d'une culotte déchirés, la tête à peine recouverte d'un bonnet en lambeaux, à barbe inculte et aux traits émaciés par les jeûnes et les souffrances. Il eut quelque peine à reconnaître son fringant maître de danse; mais, ayant entendu le récit de ses infortunes, le bon M. Bischoff — c'était son nom — le nourrit, l'habilla, lui donna quelque argent et le fit escorter, par un chemin détourné, vers Bâle, la ville protestante la plus rapprochée de son village. Cinq heures de marche amenèrent Schæffer sur le territoire de la Confédération suisse et le garantirent ainsi contre toute agression nouvelle du fanatisme de ses anciens coreligionnaires. A partir de ce moment, il put voyager à son aise; le magistrat de Bâle lui fit donner un viatique de dix écus, et celui de Zurich lui fit confectionner un habillement complet. Que Dieu le leur rende en son paradis!

Rentré finalement à Stuttgart, il y reprit ses leçons de danse jusqu'au moment où la mort du prince héréditaire Frédéric-Louis de Wurtemberg fit défendre, par édit, les danses et les représentations théâtrales. Notre pauvre exilé fut obligé de quitter alors ces lieux où depuis de longues années il réussissait à gagner son pain. Encore une fois il dut chercher un nouvel asile, et finit par le trouver à la cour de Meiningen, où le duc régnant lui procura de l'emploi, toujours comme danseur.

« J'avoue que depuis longtemps, dit à cette occasion Schæffer, j'étais dégoûté de ce vain exercice de la danse, et désirais gagner mon pain d'une façon plus agréable à Dieu, mais cela n'a pu se faire jusqu'ici, et j'espère que le Créateur ne me tiendra point la chose à péché, car il sait que je ne danse point par légèreté d'esprit ni par concupiscence de la chair, mais, hélas, par besoin ! »

C'est ici que s'arrêtent les Mémoires de notre compatriote; il vécut encore une dizaine d'années à Meiningen, à ce que nous raconte son petit-fils. La modicité de son traitement, qui n'était que de soixante écus, lui fit adresser en 1748 une supplique en mauvais vers au duc régnant, qui résidait alors à Francfort, pour demander un supplément de bière et de pain, afin de pouvoir nourrir sa famille.

Ce dernier fait me remet en mémoire ce détail curieux, que jamais, dans son écrit, Schœffer ne parle de ses aventures conjugales au sortir du couvent. Il faut pourtant qu'il se soit marié bientôt après sa conversion, car il lui naissait un petit-fils dès 1756. Son fils, l'aîné de ses enfants, devint chirurgien-opérateur et le père du second éditeur de nos Mémoires. Des deux filles, l'une épousa un employé subalterne de Iéna; l'autre, travaillée sans doute par des émissaires cléricaux, s'enfuit de la maison paternelle, se reconvertit au catholicisme et se maria par suite à l'étranger, sans que sa famille ait eu depuis de ses nouvelles.

Nous arrêtons ici le tableau, trop détaillé peut-être, de cette longue odyssée. Je n'ai point cédé, je pense, à la tentation ordinaire des biographes de grandir outre mesure mon modeste héros. Ce n'est pas lui qui m'intéressait avant tout, c'était le tableau de mœurs, affligeant et curieux, que nous révèle son véridique et simple récit. Puisse-t-il ne pas avoir trop ennuyé ceux de mes lecteurs qui m'ont accompagné « jusqu'au bout ! »

www.ingramcontent.com/pod-product-compliance
Lightning Source LLC
Chambersburg PA
CBHW070708050426
42451CB00008B/547